BEI GRIN MACHT SICH IHR WISSEN BEZAHLT

- Wir veröffentlichen Ihre Hausarbeit,
  Bachelor- und Masterarbeit

- Ihr eigenes eBook und Buch -
  weltweit in allen wichtigen Shops

- Verdienen Sie an jedem Verkauf

**Jetzt bei www.GRIN.com hochladen
und kostenlos publizieren**

Bibliografische Information der Deutschen Nationalbibliothek:

Die Deutsche Bibliothek verzeichnet diese Publikation in der Deutschen National-
bibliografie; detaillierte bibliografische Daten sind im Internet über http://dnb.d-
nb.de/ abrufbar.

Impressum:

Copyright © 2019 GRIN Verlag
Druck und Bindung: Books on Demand GmbH, Norderstedt Germany
ISBN: 9783668974142

Dieses Buch bei GRIN:

https://www.grin.com/document/477868

Volker Julius

Qualitätscontrolling des Kernprozesses in deutschen Rettungsleitstellen

GRIN Verlag

GRIN - Your knowledge has value

Der GRIN Verlag publiziert seit 1998 wissenschaftliche Arbeiten von Studenten, Hochschullehrern und anderen Akademikern als eBook und gedrucktes Buch. Die Verlagswebsite www.grin.com ist die ideale Plattform zur Veröffentlichung von Hausarbeiten, Abschlussarbeiten, wissenschaftlichen Aufsätzen, Dissertationen und Fachbüchern.

Besuchen Sie uns im Internet:

http://www.grin.com/

http://www.facebook.com/grincom

http://www.twitter.com/grin_com

Projektarbeit

Qualitätscontrolling des Kernprozesses
in deutschen Rettungsleitstellen

Volker Julius

Modul: Qualitätsmanagement

Abgabedatum: 02.05.2019

Inhaltsverzeichnis

Abbildungsverzeichnis

Tabellenverzeichnis

Abkürzungsverzeichnis

HBKG – Hessisches Gesetz über den Brandschutz, die Allgemeine Hilfe und den Katastrophenschutz

HRDG – Hessisches Rettungsdienstgesetz

HRDG-DV – Verordnung zur Durchführung des Hessischen Rettungsdienstgesetzes

KPI – Key Performance Indicators

QM – Qualitätsmanagement

RLST – Rettungsleitstelle

1 Einleitung

In den vergangenen Jahren haben sich Rettungsleitstellen (RLST) von einfachen Telefonzentralen zu komplexen Einrichtungen der Hochkritischen Infrastruktur entwickelt. Diese sind für die Daseinsvorsorge der Bevölkerung unabdingbar und müssen in einer gleichbleibenden hohen Qualität ihre Leistungen und Services für die Bevölkerung zur Verfügung stellen. Zumal die Rettungskette mit dem Anruf des Notfallzeugens oder der Notfallzeugin in der RLS beginnt (Hackstein, Lenz & Marung, 2015).

Um ein solches Qualitätsniveau feststellen und kontrollieren zu können, müssen zum einen der Kernprozess der Leistungserbringung definiert und zum anderen dieser anhand von Key Performance Indicators (KPI) gemessen und verglichen werden (Dax, Fabrizio & Hackstein, 2016). Dies scheint gerade im Kontext eines sehr heterogenen Aus- und Fortbildungsstand des RLST-Personals und einer unterschiedlichen Ländergesetzgebung im Bereich der nichtpolizeilichen Gefahrenabwehr im deutschlandweiten Vergleich sinnvoll (Hackstein, Lenz & Marung, 2015; Piedmont, Brammen, Branse, Focke, Kast & Robra, 2018). Zumal davon ausgegangen werden kann, dass eine Verbesserung im Ablauf des Kernprozesses einer RLST zu einer schnelleren Alarmierung der Einsatzkräfte führt. Damit geht eine Verkürzung des therapiefreien Intervalls in der Notfallversorgung oder einer schnelleren Intervention bei anderen Schadensereignissen einher (Dax & Fabrizio, 2017a).

Ziel dieser Projektarbeit sollen die Definition von möglichen KPI bezogen auf den Kernprozess einer RLST in Deutschland sein und folgende Forschungsfrage beantworten: Welche KPI dienen dem Qualitätsmanagement den Kernprozess einer Rettungsleitstelle in Deutschland zu überprüfen?

Um diese Forschungsfrage zu beantworten soll zunächst die Aufgaben und Ziele einer RLST beschrieben und der Kernprozess in deren Leistungserbringung dargestellt werden. Darauffolgend werden mögliche KPI vorgestellt, die die einzelnen Prozessschritte überprüfbar machen und im Kontext des Qualitätscontrollings erläutert. Nachfolgend sollen diese auf eine praktische Durchführbarkeit und Vergleichbarkeit zwischen RLST diskutiert werden. Abschließend wird ein Fazit bezogen auf die eingangs gestellte Forschungsfrage gezogen und diese beantwortet.

2 Rettungsleitstellen in Deutschland

In Deutschland werden Notrufe, die über die europäisch einheitliche Telefonnummer 112, und weitere Hilfeersuchen von ca. 280 verschiedenen RLST entgegengenommen, bearbeitet und geeignete Maßnahmen zur Hilfe eingeleitet (Hackstein, Lenz & Marung, 2015).

Hierbei sind die Strukturen und Organisationsformen von RLST in Deutschland sehr heterogen. Dies liegt in der föderalen Zuständigkeit für RLST und einem fehlenden einheitlichen Organisationsstandard begründet. Grundsätzlich setzten sich zwei Ansätze in der Organisationsstruktur zunehmend durch. In einer Integrierten Leitstelle werden alle Aufgaben für die Feuerwehr und den Rettungsdienst organisatorisch, technisch und personell durchgeführt. Dem gegenüber bietet eine Kooperative Leitstelle noch eine Verzahnung mit der Polizei. Hierbei werden Räumlichkeiten und Technik in Synergie verwendet, jedoch organisatorisch und personell besteht auch in dieser Organisationsform eine Trennung (Hackstein, Lenz & Marung, 2015).

In deutschen RLST werden zumeist medizinische Anliegen bearbeitet und nehmen demzufolge in den weiteren Ausführungen den Hauptanteil ein. Hochrechnungen auf Basis valider Daten ergaben, dass ca. 12,0 Mio. rettungsdienstliche Einsätze im Jahr 2013 stattfanden, die durch die RLST koordiniert wurden. Im Mittel gehen wochentags ca. 36000 Hilfeersuchen bei deutschen RLST ein, die entsprechend bearbeitet werden (Schmiedel, 2015).

2.1 Aufgaben von Rettungsleitstellen

Grundsätzlich können deutschlandweit, trotz der Heterogenität und der föderalen Zuständigkeiten, einheitliche Anforderungen und Aufgaben an RLST gestellt werden (Hackstein, Lenz & Marung, 2015). Wobei grundsätzlich die länderspezifische Rettungsdienst- und Brandschutzgesetzgebungen für die spezifischen Aufgaben und Anforderungen von Rettungsleitstellen maßgeblich sind (Piedmont, Brammen, Branse, Focke, Kast & Robra 2018). In diesen werden unterschiedliche Vorgaben zur Qualitätssicherung und Ausstattung von RLST (Personal, Personalqualifikation, Technik) getätigt (Hackstein, Lenz & Marung, 2015).

Somit werden im Folgenden zum einen bundeseinheitliche Anforderungen dargestellt und zum anderen spezifischen Details aus einem Bundesland ergänzt, hierzu wird Hessen gewählt. Da es sowohl Flächenlandkreise als auch Ballungsgebiete aufweist.

Die Aufgaben und die sich daraus ergebenden Anforderungen von RLST lassen sich bundeseinheitlich mit fünf Säulen beschreiben. Zunächst werden Hilfeersuchen durch die RLST angenommen, darauffolgend findet durch das Personal der RLST eine Auswahl eines geeigneten Einsatzmittels statt, welches in einem weiteren Schritt alarmiert wird. Im Folgenden werden die alarmierten Kräfte insbesondere die Einsatzleitung bei der Durchführung des Einsatzes unterstützt, Notwendige weitere Stellen, Behörden und Institutionen werden durch das Personal der RLST verständigt. Die Dokumentation von allen Tätigkeiten ist für eine RLST obligat und eine Kernaufgabe (Hackstein, Lenz & Marung, 2015). Diese Kernaspekte werden nachfolgend in Abbildung 1 anschaulich dargestellt.

Abbildung 1: Fünf Säulen der Rettungsleitstellentätigkeiten

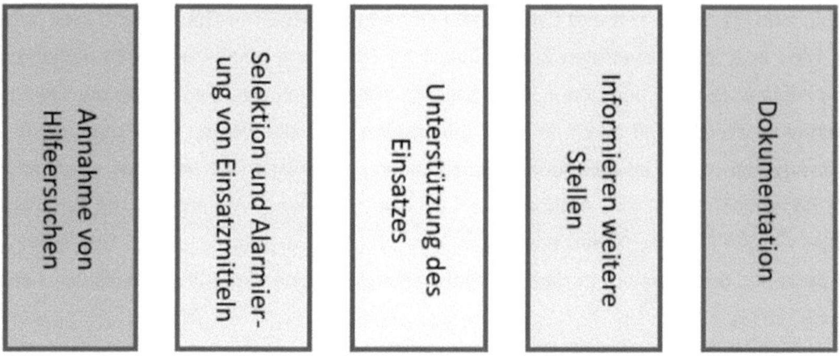

Annahme von Hilfeersuchen	Selektion und Alarmierung von Einsatzmitteln	Unterstützung des Einsatzes	Informieren weitere Stellen	Dokumentation

(Quelle: eigene Darstellung, in Anlehnung an Hackstein, Lenz & Marung, 2015, Seite 554)

Insgesamt dient somit die RLST im Rettungsdienst sowohl als führende und alarmierende Stelle, im Brandschutz und der technischen Hilfeleistung lediglich als alarmierende und unterstützende Stelle. Demzufolge ist die RLST dem Einsatzleiter der Feuerwehr nicht weisungsbefugt. Außerdem ist eine RLST in medizinischen und fliegerischen Belangen den Einsatzkräften und -mitteln nicht weisungsbefugt (Hackstein, Lenz & Marung, 2015).

Die fünf Säulen der RLST-Tätigkeiten spiegeln sich auch in der Landesgesetzgebung in Hessen wider. Im Hessischen Gesetz über den Brandschutz, die Allgemeine Hilfe und den Katastrophenschutz (HBKG) wird zum einen die unterstützende Funktion der RLST festgeschrieben und zum anderen notwendige Aufgaben einer RLS dargestellt, die von den Trägern der RLST (Landkreise und kreisfreie Städte) zu realisieren sind. Hier ist insbesondere die Bevölkerungswarnung und eine Aufschaltmöglichkeit von automatischen Brandmeldeanlagen zu nennen. Des Weiteren bezieht sich das HBKG auf die im Hessischen Rettungsdienstgesetz und die dazugehörige Durchführungsverordnung niedergeschriebenen Paragrafen (Landesrecht Hessen, 2018b). Weiterhin werden im Hessischen Rettungsdienstgesetz (HRDG) weitere Aufgaben definiert, hierbei ist insbesondere die Zusammenarbeit im ambulanten medizinischen Bereich mit dem ärztlichen Bereitschaftsdienst zu nennen (Landesrecht Hessen, 2018a). Weitere Aufgaben werden in der Verordnung zur Durchführung des Hessischen Rettungsdienstgesetzes (HRDG – DV) beschrieben, hierbei wird besonderen Wert auf die Kommunikation mit Schnittstellen, Dokumentation und einen strukturierten Arbeitsablauf gelegt. Weiterhin werden Vorgaben zur Dateneingabe und Verarbeitung gemacht, damit eine im Rahmen der Qualitätssicherung geeigneter Datenstamm zur Verfügung steht (Landesrecht Hessen, 2014).

Zu weiteren Aufgaben entwickeln sich zunehmend Hilfestellungen für den Notrufer oder die Notruferin bei akuten medizinischen Fragestellungen und Problemen, dies wird z. B. in den Leitlinien des European Resuscitation Council festgeschrieben. Dies zeigt sich besonders in der Aufnahme der Telefonreanimation (Anweisung und Unterstützung des Notrufers oder der Notruferin zur Durchführung einer Laienreanimation) in diese Leitlinie (Greif, Lockey, Conaghan, Lippert, de Vries & Monsieurs, 2015).

Nachdem die Aufgaben und Anforderungen an eine RLS dargestellt wurden, soll nachfolgend der Kernprozess einer RLS herausgearbeitet und beschrieben werden, da für eine erfolgsversprechende Implementation von KPI die Fokussierung auf den Kernprozess notwendig ist (Dax, Fabrizio & Hackstein, 2016).

2.2 Kernprozess einer Rettungsleitstelle

Der Kernprozess in einer RLST erschließt sich aus den gesetzlichen Aufgaben und ist somit dem Hilfesuchenden oder der Hilfesuchenden gewidmet. Zunächst beginnt der Kernprozess mit der Annahme des Hilfeersuchens und der Aufnahme der notwendigen Daten, um dem Hilfeersuchen nachkommen zu können. Hieran schließt sich die Disposition und Alarmierung von geeigneten Einsatzkräften und Einsatzmitteln an. Diese werden durch die RLST während des gesamten Einsatzes unterstützt und final wird, nachdem alle Einsatzmaßnahmen beendet sind, die Einsatzdokumentation vervollständigt und der Einsatz abgeschlossen (Dax, Fabrizio & Hackstein, 2016).

Den Bereich Annahme und Aufnahme des Hilfeersuchens und der Disposition und Alarmierung muss allerdings, um diesen einheitlich im Folgenden anhand KPI überprüfen zu können, weiter untergliedert werden. Für die Annahme und die Aufnahme eines Hilfeersuchens muss zum einen in die Gesprächsannahmezeit und in die Gesprächsdauer unterschieden werden. Die Gesprächsannahmezeit ist der Zeitraum von der ersten Anrufsignalisierung in einer RLST bis zur Annahme des Gesprächs durch einen Mitarbeiter oder eine Mitarbeiterin einer RLST. Wohingegen die Gesprächsdauer, die Dauer der Notrufabfrage widerspiegelt. Für den Bereich Disposition und Alarmierung wird die Unterteilung in die reine Dispositionszeit, um die geeigneten Einsatzmittel zu ermitteln, und den Zeitraum, der notwendig ist, um rein technisch die zuvor definierten Einheiten zu alarmieren, verwendet (Dax, Fabrizio & Hackstein, 2016).

Es ist ebenso möglich für den dritten Bereich eine Untergliederung zu wählen, jedoch hat die Tätigkeit einer Rettungsleitstelle nur bedingt Einfluss auf die Dauer, Qualität und den eigentlichen Prozess der Einsatzabarbeitung der alarmierten Einsatzmittel. Die RLST ist in dem letzten Prozessschritt sehr stark von externen Stakeholdern abhängig. (Dax, Fabrizio & Hackstein, 2016).

Nachfolgend wird in Abbildung zwei der Kernprozess einer RLST dargestellt. Es werden die Hauptprozessschritte abgebildet mit den dazugehörigen Teilprozessen.

Abbildung 2: Kernprozess einer Rettungsleitstelle

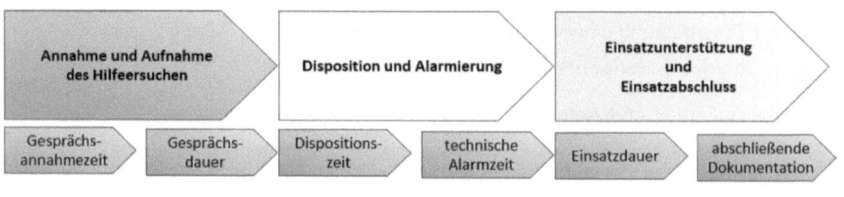

(Quelle: eigene Darstellung, in Anlehnung an Dax, Fabrizio & Hackstein, 2016, S. 633)

Weiterhin muss erwähnt werden, dass verschiedene Arbeitsweisen bezüglich des Kernprozesses in RLST möglich sind und angewendet werden. Hierbei kann z. B. der gesamte Kernprozess durch einen Disponenten oder eine Disponentin durchgeführt werden. Ebenso ist eine Aufgabenteilung möglich, so kann das Hilfeersuchen von einem Calltaker entgegen und aufgenommen werden. Ein Disponent oder eine Disponentin ist für die Disposition und Alarmierung der geeigneten Einsatzmittel verantwortlich und ein weiterer Mitarbeiter oder eine weitere Mitarbeiterin sorgt für die notwendige Einsatzbegleitung und den finalen Einsatzabschluss (Dax, Fabrizio & Hackstein, 2016). Ebenso soll nicht unerwähnt bleiben, dass es möglich ist, den beschrieben Kernprozess weiter in einzelne Arbeitsschritte zu untergliedern und somit eine detaillierte Tätigkeitsbeschreibung erstellt werden kann. Eine solche feine Untergliederung dient jedoch nicht der einheitlichen Vergleichbarkeit von Daten, da die RLST heterogen organisiert sind und unterschiedliche EDV-Systeme zur Unterstützung des Kernprozesses verwendet werden (Dax & Fabrizio, 2019).

Nachdem die Aufgaben und Rahmenbedingungen von RLST, sowie der Kernprozess der Leistungserbringung von RLST dargestellt wurden, soll jetzt der das Qualitätscontrolling anhand von KPI beschrieben werden.

3 Qualitätscontrolling

Qualität ist die *„Übereinstimmung von Leistungen mit Ansprüchen."* (Markgraf, 2018, S. 1) Oder *„Qualität ist die Abwesenheit von Fehlern."* (Töpfer, 2006, S. 101) So wird der Qualitätsbegriff in der Literatur dargestellt, um diesen weiter zu differenzieren und Qualität im Nachgang messbar zu machen, ist eine Aufspaltung von Qualität in der gesundheitlichen Leistungserbringung üblich, da in diesem komplexen System Qualität als Ganzes nur schwer messbar ist. Es wird in Struktur, Prozess- und Ergebnisqualität differenziert. Nachfolgend können die Teilergebnisse zusammengefasst und somit eine Gesamtqualität beurteilt werden. (BMG, 2006). Diese einzelnen Bereiche werden anhand der Definitionen des Bundesministeriums für Gesundheit nachfolgend dargestellt.

Strukturqualität beurteilt die Voraussetzungen einer Einrichtung, um die geforderten Leistungen zu erbringen. Es werden Notwendigkeiten dargelegt, die für ein regelgerechtes Durchführen der Handlungen notwendig sind. Somit fallen z. B. notwendige Personalqualifikationen, Finanzierungssysteme und technische und bauliche Ausstattungen darunter (BMG, 2006).

Prozessqualität bezieht sich auf die eigentlichen Abläufe, Prozesse und Tätigkeiten zur Leistungserbringung (BMG, 2006). *„Eine hohe Prozessqualität bedeutet, dass das Richtige rechtzeitig und gut getan wird."* (BMG, 2006, S. 172)

Ergebnisqualität erfasst, in wie weit das bestmögliche an Behandlungserfolg tatsächlich erreicht werden konnte, dies ist für die Gesamtbeurteilung der Qualität im Gesundheitswesen der wichtigste Indikator. Es wird die Güte der stattgefundenen Hilfe beurteilt (BMG, 2006).

Um diese angestrebte Qualität messbar zu machen, werden anhand von quantitativen Kennzahlen die Leistungen von relevanten Bereichen verglichen. Ein solches Controlling im Bereich der RLST kann in strategisches und operatives Controlling differenziert werden. Das strategische Controlling richtet sich an dem Umfeld und den Visionen der RLST aus, wohingegen sich das operative Controlling mit den Prozessen des Unternehmens und der Wirtschaftlichkeit beschäftigt. Somit ist das Qualitätscontrolling des Kernprozesses einer RLST im operativen Controllingbereich angesiedelt (Dax & Fabrizio, 2017a).

3.1 Key Performance Indicators

KPI dienen als allgemeine Kennzahlen zum messen von unterschiedlichen Größen. Dies kann z. B. der Unternehmenserfolg oder die Auslastung von Mitarbeitern oder Mitarbeiterinnen sein. Im Unternehmenscontrolling dienen sie somit zur quantitativen Bewertung von Unternehmensprozessen oder Unternehmensbereichen. Je nach betrachteter Perspektive dienen KPI somit als Qualitätskennzahl, Finanzkennzahl oder Stakeholderkennzahl (Gabler, 2018).

Wichtig ist eine richtige Operationalisierung von zu messenden Bereichen oder Prozessen. Zunächst ist es notwendig Qualitätsindikatoren zu bestimmen, die gemessen werden sollen. Diese müssen so operationalisiert werden, dass entsprechende nummerische Werte zugeordnet werden können und diese quantitativ ausgewertet werden können (Dax & Fabrizio, 2017a). Solche erhobenen KPI können trendbasiert mittels einer Balanced Scorecard dargestellt werden. Hierbei können sowohl Beziehungen von KPI zueinander aufgezeigt, als auch Zuordnungen zu den entsprechenden Bereichen einer Balanced Scorecard und damit auch zu den vorgenannten Qualitätsbereichen vorgenommen werden (Dax & Fabrizio, 2017b).

Eine Balanced Scorecard ist ein in den 1990er Jahren von den Amerikanern Kaplan und Norton entwickeltes Managementwerkzeug, welches multidimensional und nicht nur auf die Finanzperspektive eines Unternehmens ausgerichtet ist. Eine Balanced Scorecard gliedert sich klassisch in vier Bereiche, die Finanzperspektive, Prozessperspektive, Lern- und Mitarbeiterperspektive und Kundenperspektive. Jede Perspektive wird anhand von Unternehmenszielen, Kennzahlen, Vorgaben und Maßnahmen definiert (Weber, 2018). Für eine detaillierte Darstellung und Funktionsweise einer Balanced Scorecard verweise ich an die angeführte Fachliteratur. Somit lassen sich allen drei Qualitätsbereichen in einer RLS spezifische KPI und Perspektiven in der Balanced Scorecard zuordnen (Dax & Fabrizio, 2017b).

3.2 Key Performance Indicators in Rettungsleitstellen

Nachfolgend werden mögliche KPI in RLST aufgeführt und kurz beschrieben, diese Auflistung erhebt keinen Anspruch auf Vollständigkeit, dies ist aufgrund der Heterogenität und Komplexität in den einzelnen RLST nicht möglich.

Um Kennzahlen für einen zeitlichen Horizont eindeutig bestimmen und somit operationalisieren zu können, müssen sowohl der Anfangs-, als auch der Enddatenpunkt eindeutig definiert werden. Z. B. kann so für den KPI „Anruferwartezeit" demnach eindeutig definiert werden, mit erstem Klingeln und Annahme des Gesprächs. Hierbei werden die technischen Besonderheiten, die systembedingt zu einer Verzögerung bis zum ersten Klingeln des Gesprächs führen nicht bewertet. Dies dient einer Vergleichbarkeit der Zahlen (Dax, Fabrizio & Hackstein, 2016). So kann, obwohl die Menge nicht beeinflussbar ist, die Gesamtzahl der eingehenden Notrufe über die Leitung 112 erhoben und mit anderen Leitstellen verglichen werden. Hierbei lassen sich Rückschlüsse auf eine Auslastung des Personals ziehen (Dax & Fabrizio, 2017a). Außerdem kann dies durch KPI, die die Anzahl von eingehenden Anrufen je Leitungstyp (z. B. 112, 19222, Amtsleitung usw.) aufschlüsseln unterstützt werden, was durch eine Erhebung von nicht angenommen Gesprächen je Leitungsart weiter untermauert werden kann (Dax & Fabrizio, 2019).

Weiterhin stellt die Gesprächsdauer ein wichtiger KPI dar, da sowohl eine Personalauslastung hiermit dargestellt werden kann, als auch über den Leitungstyp Notruf die Dauer der eigentlichen Notrufabfrage erhoben werden kann. Hiermit kann gezeigt werden, ob das verwendete Abfragesystem bezogen auf die zeitliche Perspektive dienlich ist (Dax & Fabrizio, 2019). Einzelne Abfragesysteme wie strukturierte oder standardisierte Notrufabfrage werden an dieser Stelle nicht beschrieben und sind der Fachliteratur zu entnehmen.

Nach der Aufnahme von Hilfeersuchen schließt sich die Dispositionszeit an. Diese kann ebenfalls anhand eines KPI gemessen werden, ebenso wie der technische Zeitraum der eigentlichen Alarmierung von den zuvor ausgewählten Einsatzkräften (Dax & Fabrizio, 2019).

Nach Abschluss der technischen Alarmierung ist die Erstbearbeitungsdauer zu erheben, diese spiegelt das initiale Leitstellenintervall wider und stellt somit unmittelbar die Leistungsfähigkeit der einzelnen Prozessschritte und technischen, sowie organisatorischen Gegebenheiten dar (Dax & Fabrizio, 2016; Dax & Fabrizio, 2019). Notwendig ist hierbei jedoch eine Differenzierung zwischen Einsätzen mit Freigabe von Sonder- und Wegerechten für die Einsatzmittel und anderen Einsätzen. Für den KPI „Erstbearbeitungsdauer" sollten nur Einsätze mit Freigabe von Sonder- und Wegerechten herangezogen werden, da nur hierbei von einer initial festgestellten Eilbedürftigkeit ausgegangen werden kann und dieser Zeitraum mit „umso schneller umso besser" verstanden werden kann (Dax & Fabrizio, 2016).

Da die Einsatzmittel laut Gesetzgebung durch die RLST während des Einsatzes unterstützt werden müssen, kann der KPI „Einsatzdauer" ebenso wie die notwendige Dokumentation der Einsatzdaten und -meldungen, erhoben werden (Landesrecht Hessen, 2014). Eine Notwendigkeit zur Dokumentation ergibt sich aus den einzelnen gesetzlichen Vorgaben, jedoch sind diese weder bundeseinheitlich noch zwischen den einzelnen Akteuren gleich (Piedmont, Brammen, Branse, Focke, Kast & Robra, 2018). Dieser kann ebenfalls einen Marker für den Personalbedarf in RLST abbilden.

Wichtige KPI für den RLST-Betrieb sind weiterhin der durchschnittliche Krankenstand, dieser dient zum einen zur Personalbemessung, kann aber auch zum anderen die Belastung des Personals einer RLST anzeigen. Der KPI „Überstunden" stellt ebenso die personelle Beanspruchung dar und kann ein Hinweis auf fehlendes Personal sein (Dax & Fabrizio, 2019).

Für die Qualität ist es notwendig den Fortbildungsstand des eingesetzten Personals zu erheben, um die Qualität sicher zu stellen (Dax & Fabrizio, 2019). Hier wird z. B. in Hessen eine jährliche Fortbildungsdauer von 120 Stunden angesetzt und durch den Gesetzgeber gefordert (Landesrecht Hessen, 2014).

Außer zeitliche KPI können weitere definiert und erhoben werden. Hierbei ist besonders im Bezug auf eine effektive und effiziente Disposition der vorgehaltenen Einsatzmittel zu achten. Dies kann anhand einer Fehleinsatzquote von Einsatzmitteln bestimmt werden. Ebenso dient eine Notarzt-Nachalarmierungsquote oder eine ambulante Behandlung des Notarztes zur qualitativen Evaluation der RLST-Tätigkeiten. Darüber hinaus ist eine Verknüpfung und Auswertung des, durch den Leitstellendisponenten oder der Leitstellendisponentin, gewählten Einsatzmeldebildes und des, durch die Einsatzmittel vor Ort festgestellten, tatsächlichen Notfallzustandes denkbar, um die Notrufabfragequalität zu erheben (Dax, Fabrizio & Hackstein, 2016). Hierzu muss angemerkt werden, dass für die Alarmierung eines Notarztes häufig auf einen Indikationskatalog der Bundesärztekammer oder eine länderspezifische Indikationsliste zurückgegriffen wird und dies somit nicht bundeseinheitlich vorgegeben ist (Piedmont, Brammen, Branse, Focke, Kast & Robra, 2018). Weiterhin sind solche KPI Daten aus den nachfolgenden Bereichen, die den jeweiligen Einsatz abarbeiten, notwendig (Rettungsdienst, Feuerwehr, Kliniken). Hierzu sind homogene Datensätze und sichergestellte Zuordnungen (Patientendaten o. ä.) notwendig (Piedmont, Brammen, Branse, Focke, Kast & Robra, 2018; Dax & Fabrizio, 2017a).

Weitere KPI, die die Qualität von RLST darstellen können, wären in Bezug auf die Anleitung von Erste Hilfe Maßnahmen vom Leitstellendisponent oder von der Leitstellendisponentin an den Hilfeersuchenden oder der Anleitung zu einer Herz-Lungen-Wiederbelebung (Telefonreanimation) zu erheben. Hierzu erscheint es schwierig diese Vorgänge einheitlich zu operationalisieren und KPI zu entwickeln (Dax, Fabrizio & Hackstein, 2016). Ein vergleichbares Problem stellt der Umgang mit Beschwerden von Stakeholdern dar. Hierzu müsste ein einheitliches Raster für die Art und Schwere der Beschwerde erstellt werden (Dax & Fabrizio, 2017b). Darüber hinaus scheint es schwierig, auf Grund der unterschiedlichen und heterogenen Aufgaben und gesetzlichen Rahmenbedingungen, einheitliche Standards für einen solchen KPI zu generieren (vgl. Piedmont, Brammen, Branse, Focke, Kast & Robra, 2018).

Nachfolgende werden die beschriebenen KPI tabellarisch mit einer Kurzbeschreibung dargestellt und ein Bezug zum Kernprozess von RLST gezogen.

Tabelle 1: Aufstellung von Key Performance Indicators in Rettungsleitstellen

Name des KPI	Kurzbeschreibung	Dienlich für Kernprozessevaluation
Anruferwartezeit	Dauer vom ersten Klingeln in der RLST bis zum Annehmen des Gesprächs.	Ja, bei Leitungsart Notruf
Anzahl Anrufe je Leitungsart	Anzahl der Anrufe	Ja, bei Leitungsart Notruf
Nichtbeantwortete Anrufe je Leitungsart	Anrufer legt auf, bevor das Gespräch angenommen werden konnte.	Ja, bei Leitungsart Notruf
Gesprächsdauer (Notrufabfragezeit)	Dauer des Gesprächs mit externen Personen.	Ja, bei Leitungsart Notruf
Dispositionszeit	Auswahl des richtigen Einsatzmittels passend zum Meldebild und Einsatzstichwort.	Ja, bei Einsatz mit Sonder- und Wegerechten
Technische Alarmzeit	Technisch bedingter Zeitraum der Alarmierung.	Ja
Erstbearbeitungszeit	Zeitraum des initialen Leitstellenintervalls	Ja, bei Einsätzen mit Sonder- und Wegerechten
Einsatzdauer	Dauer des Einsatzes mit Betreuung der RLST.	Ja
Einsatzbegleitzeit	Dauer, die ein Einsatzmittel im Einsatz gebunden ist.	Ja
Dokumentationszeit	Zeitraum für abschließende Dokumentation.	Ja
Krankenstand	Krankheitsquote des Personals.	Nein
Überstunden	Überstunden des Personals.	Nein
Fortbildungsquote	Fortbildungsquote im Bezug zu den rechtlichen Vorgaben.	Nein
Notarztquote	Initial richtige Klassifizierung des medizinischen Meldebildes.	Ja
Fehleinsatzquote	Entsenden von Einsatzmitteln, die vor Ort keine Maßnahmen getroffen haben.	Ja

Telefonreanimation	Operationalisierter KPI zum Messen von Häufigkeit und Dauer in der telefonischen Anleitung der Reanimation.		Ja
Telefonanleitung Erste Hilfe	Operationalisierter KPI zum Messen von Häufigkeit und Dauer in der Anleitung telefonischer Ersten Hilfe.		Ja
Beschwerden	Anzahl und Schweregrad von eingehenden Beschwerden		Nicht direkt

(Quelle: eigen Darstellung, in Anlehnung an: Dax, Fabrizio & Hackstein, 2016 & Dax & Fabrizio, 2017a & Dax & Fabrizio, 2017b & Dax und Fabrizio, 2019)

Da RLST sich von reinen Notrufabfrageeinrichtungen zu hochkomplexen Einrichtungen der nicht-polizeilichen Gefahrenabwehr mit einem zunehmenden Anteil an Serviceleistungen für den Hilfeersuchenden entwickelt haben, muss dieser zusätzliche Tätigkeitsbereich ebenfalls Einzug in die Qualitätssicherung halten (Chwojka, Novosad, Spielbichler & Krammel, 2015). Zumal für den einzelnen Leitstellendisponenten oder der einzelnen Leitstellendisponentin wenig Einblick in die eigene erbrachte Arbeitsqualität besteht (Piedmont, Brammen, Branse, Focke, Kast & Robra, 2018).

4 Kernprozess und KPI in Rettungsleitstellen

Somit lassen sich auf den Kernprozess bezogen folgende einheitliche KPI festlegen und könnten sowohl intern im Rahmen des kontinuierlichen Verbesserungsprozesses als auch extern mit anderen RLST verglichen werden. Die KPI bezogen auf den Kernprozess können in zwei Bereiche gegliedert werden, zum einen in zeitliche KPI und qualitative KPI. Zunächst sollen die zeitlichen KPI dargestellt werden.

Im Ablauf des Kernprozesses als erste zu erhebende KPI wäre die „Anruferwartezeit". Dieser KPI wird lediglich auf die primäre Notrufnummer 112 angewandt, da diese bei Eingang von Parallelanrufen oder -gesprächseingängen absolute Priorität besitzt und weitere Arbeiten und Tätigkeiten demzufolge nachrangig abgearbeitet werden und somit automatisch dafür eine längere Wartezeit entsteht. Ebenso sollte zu einem Einsatzereignis der erste Anrufer in die Statistik aufgenommen und ausgewertet werden, da es sonst zu einer Verfälschung der Zahlen kommen kann (Häufung von Notrufen bei Großbrand, Unwetter, Verkehrsunfall) (Dax, Fabrizio & Hackstein, 2016). Hierbei ist es notwendig einheitliche Ausschlusskriterien zu definieren, um diesen KPI mit anderen RLST objektiv vergleichen zu können.

Der Prozessschritt Gesprächsdauer kann ebenso als KPI erhoben werden und bildet die notwendige Dauer der Notrufgespräche bis zum erlangen der für die Einsatzentscheidung benötigten Informationen ab (Dax, Fabrizio & Hackstein, 2016; Dax & Fabrizio, 2017a). Anzumerken ist hierbei jedoch, dass durch die Weiterentwicklung der RLST im Bereich telefonische Unterstützung ein Notrufgespräch durchaus zeitlich deutlich den Rahmen der eigentlichen Informationsbeschaffung übersteigen kann. So ist es üblich, dass bei einer telefonischen Anleitung zur Reanimation der Leitstellendisponent oder die Leitstellendisponentin bis zum Eintreffen des ersten Einsatzmittels den Notrufenden oder die Notrufende unterbrechungsfrei am Telefon begleitet und unterstützt (Marung, 2013). Solche Ereignisse müssen differenziert bewertet werden, da es zu einer Verzerrung des Ergebnisses kommen kann.

Der sich anschließende Prozessschritt der Disposition und Alarmierung kann ebenfalls sowohl einzeln mittels KPI überprüft werden. Hierzu kann die Dispositionszeit erhoben werden, diese spiegelt das zeitliche Intervall nach Beenden des Notrufabfragegesprächs bis zur eigentlichen technischen Alarmierung wider. Hierbei werden die Informationen aus dem Notrufgespräch verarbeitet und das passende Einsatzmittel dem jetzt erstellten Einsatz zugeordnet. Hieran schließt sich die Alarmzeit an. Diese stellt das Intervall aus beginn der Maßnahmen zum Alarmieren bis zum Ende dieser dar. Hierbei muss auf die technischen Besonderheiten der einzelnen Leitstellen eigegangen werden. Es liegen keine deutschlandweit gleichen technischen Bedingungen und Voraussetzungen technischerseits vor (Dax, Fabrizio & Hackstein, 2016; Dax & Fabrizio, 2017a).

Werden die vorgenannten Intervalle addiert, wird das Erstbearbeitungsintervall der RLST abgebildet und es kann somit ein KPI zur Qualitätssicherung definiert werden. Dieser bildet den Zeitraum vom ersten Klingeln des Notrufs 112 bis zur vollendeten Alarmierung der notwendigen Einsatzkräfte ab. Dieser bildet die Geschwindigkeit der Notrufbearbeitung in einer RLST ab und wird lediglich durch den Notrufer als externen Faktor beeinflusst. Andere Einflussfaktoren sind hierbei nur in der Ausstattung und Arbeitsweise der RLST zu finden. Dieser KPI dient somit zu zeitlichen Qualitätsmessung in RLST (Dax, Fabrizio & Hackstein, 2016; Dax & Fabrizio, 2017a; Dax & Fabrizio, 2019). Hierzu sollten jedoch nur Einsätze Einzug in die Berechnung und Statistik finden, in denen die Sonder- und Wegerechte freigegeben wurden, da hierbei von höchster Eile und somit von keinem zeitlichen Verzug in der Disposition und Bearbeitung ausgegangen werden kann (Dax, Fabrizio & Hackstein, 2016).

Im weiteren zeitlichen Verlauf lassen sich noch die Einsatzbegleitzeit und die abschließende Dokumentationszeit erheben, hierbei ist die Dauer und der Arbeitsumfang sehr stark von externen Faktoren abhängig, zumal es hierbei keine einheitlichen Standards im Bezug auf die Dokumentation und mögliche Unterstützungstätigkeiten seitens der RLST für die Einsatzmittel gibt. Somit fällt es schwierig diese KPI zwischen RLST zu vergleichen. (Piedmont, Brammen, Branse, Focke, Kast & Robra, 2018; Dax & Fabrizio, 2019).

Addiert man die Prozessschritte Erstbearbeitungszeit und die beiden letztgenannten Einsatzbegleitzeit und Dokumentationszeit, erhält man die Gesamteinsatzzeit. Dies stellt den Zeitraum dar, wo Ressourcen einer RLST direkt einsatzgebunden benötigt werden. Hinzu kommen ggf. im Nachgang noch Ressourcen zur statistischen Auswertung und Nachbearbeitung (Hackstein, Lenz & Marung, 2015; Dax & Fabrizio, 2017a).

Die Abbildung drei zeigt eine grafische Zuordnung von den angeführten KPI mit Zeithorizont (grau hinterlegte Felder) auf die zuvor dargestellten Kernprozessschritte.

Abbildung 3: Key Performance Indicators des Kernprozesses

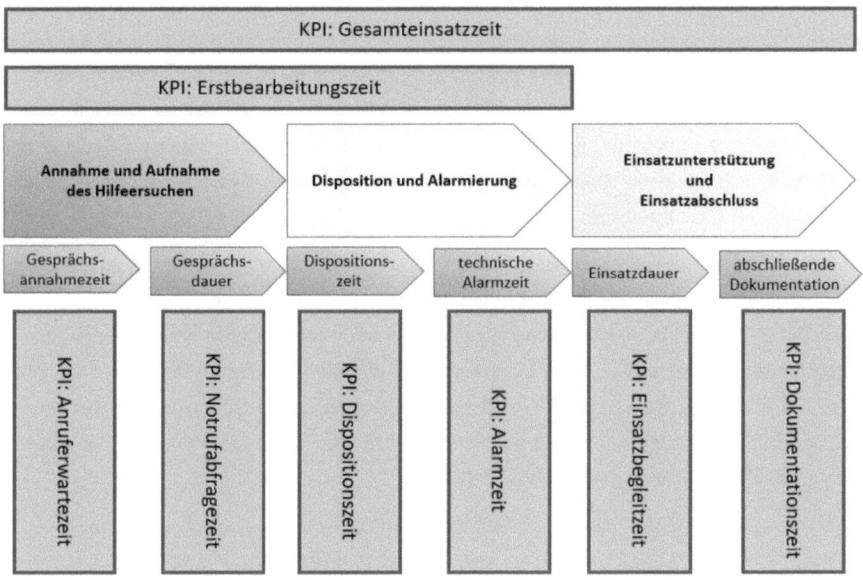

(Quelle: eigene Darstellung, in Anlehnung an Dax, Fabrizio & Hackstein, 2016, S. 633 & Dax & Fabrizio, 2019, S. 46)

Darüber hinaus können weitere KPI dem Kernprozess zugeordnet werden, die diesen qualitativ messen können. Hierbei fällt die Operationalisierung deutlich schwieriger, besonders wenn bundeseinheitliche Maßstäbe angesetzt werden sollen (Dax & Fabrizio, 2017b).

So kann der Gesprächsdauer und somit der Qualität der Notrufabfrage und dem Treffen der Einsatzentscheidung KPI zugeordnet werden. Dies kann zum einen in Bezug auf Unterstützungsmaßnahmen zur Ersten Hilfe oder bei der Telefonreanimation sein und zum anderen ein Abgleich vom festgestellten Notrufmeldebild zum tatsächlichen von den Einsatzmitteln vor Ort vorgefunden Einsatzbild sein. Dies kann in den zuvor dargestellten KPI Fehleinsatzquote und Notarztquote abgebildet werden. Diese sind entsprechend durch die verantwortlichen Personen zu operationalisieren. Ebenso kann die Dokumentationsqualität beurteilt und Beschwerden zu den einzelnen Prozessschritten zugeordnet und über einen Zeitraum nach internen Maßstäben überwacht werden, um einen kontinuierlichen Verbesserungsprozess zu erreichen (vgl. Dax & Fabrizio, 2017b; Dax & Fabrizio, 2019). Auf Grund der unterschiedlichen Grundlagen, Arbeitsweisen und Dokumentationsplattformen und -vorgaben von RSLT und den nachfolgend alarmierten Einsatzmitteln, ist eine einheitliche Vergleichbarkeit zwischen RLST nicht gegeben (Piedmont, Brammen, Branse, Focke, Kast & Robra, 2018).

5 Fazit

Gerade weil in Deutschland auf Grund der föderalen Zuständigkeiten für RLST es schwierig ist eine einheitliche gesetzliche Grundlage zu schaffen, ist es notwendig im Zuge eines kontinuierlichen Verbesserungsprozesses einheitliche Standards für KPI zu schaffen und diese einheitlich zu definieren (Hackstein, Lenz & Marung, 2015). Weiterhin wäre es hilfreich nicht nur einzelne KPI zu bewerten, sondern diese z. B. im Rahmen einer Balanced Scorecard über Zeiträume dargestellt, sowie Abhängigkeiten von einzelnen KPI zueinander sichtbar gemacht werden (Dax & Fabrizio, 2017a).

Die eingangs gestellte Forschungsfrage muss differenziert beantwortet werden. Zum Messen der Bearbeitungsgeschwindigkeit des Kernprozesses können bundeseinheitlich KPI definiert und die RLST untereinander verglichen werden. Hierbei sind lediglich transparente Ausschlusskriterien zu definieren. Ein Hinderungsgrund für die einheitliche Definition und ein bundesweites Benchmarking von KPI stellt hierbei die heterogene Gesetzgebung der Bundesländer dar, diese müsste in Bezug auf die Vergleichbarkeit angepasst werden (Piedmont, Brammen, Branse, Focke, Kast & Robra, 2018).

Für den qualitativen Aspekt fällt die einheitliche Definition von KPI deutlich schwerer, da es auf Grund von diversen Rahmenbedingungen, unterschiedlichen Arbeitsweisen der einzelnen RLST und gesetzlichen Vorschriften nahezu unmöglich erscheint. Insbesondere ist hierbei der nicht bundeseinheitliche Dokumentationsstandard und -umfang und die verschiedenen gesetzlichen Rahmenbedingungen zu nennen. Gerade die Befugnisse im Datenschutz sind unterschiedlich und lassen somit eine einheitliche Vergleichsmöglichkeit nicht zu (Piedmont, Brammen, Branse, Focke, Kast & Robra, 2018).

Des Weiteren scheint es notwendig, um den hohen medizinischen, rechtlichen und fachlichen Erfordernissen gerecht zu werden, ein QM nach international gültigen Standards einzusetzen. Denn nicht der Hilfeersuchende muss wissen an welche Stelle er oder sie sich mit welchem Anliegen zu wenden hat, sondern der Leitstellendisponent oder die Leitstellendisponentin hat mit einer hohen fachlichen und kommunikativen Qualität das Hilfeersuchen zu bearbeiten. (Chwojka, Novosad, Spielbichler & Krammel, 2015). Darüber hinaus führt eine Entwicklung und Förderung des RLST-Personals über eine steigende Motivation zu einem höheren Qualitätsniveau und solche Fort- und Weiterbildungen sind nicht immer kostenintensiv (Hackstein, Lenz & Marung, 2015). Somit wäre es dienlich, wenn die Bundesländer die Entwicklung, Einrichtung und Überprüfung von einheitlichen KPI zum Messen der Qualität in die gesetzlichen Grundlagen mit aufnehmen würden (Piedmont, Brammen, Branse, Focke, Kast & Robra, 2018).

Günstig erscheint ebenfalls die erhobenen KPI in die Qualitätsbereiche (Struktur-, Prozess-, und Ergebnisqualität) zu zuordnen und entsprechend zu bewerten, um dem obersten Zeil, der Steigerung der Ergebnisqualität, nachzukommen. Dies könnte Thema einer weiteren Arbeit sein.

6 Literaturverzeichnis

Bundesministerium für Gesundheit (BMG) (Hrsg.) (2006). *Gesundheitsberichterstattung des Bundes – Gesundheit in Deutschland.* Verfügbar unter: http://www.gbe-bund.de/pdf/GESBER2006.pdf (18.04.2019).

Chwojka, C., Novosad, H., Spielbichler, S. & Krammel, M. (2015). Leitstelle-Gatekeeping mit Qualitätsanspruch – Der vielschichtige Weg des Patienten in das Gesundheitssystem. *Notfall + Rettungsmedizin,* 18 (7), 581-587

Dax, F., Fabrizio, M & Hackstein, A. (2016). Kennzahlen in der Leitstelle. *Notfall + Rettungsmedizin,* 19 (8), 632-637.

Dax, F. & Fabrizio, M. (2017a). Qualitätskennzahlen in Leitstellen (Teil 1): Theoretische Grundlagen. *BOS-Leitstelle aktuell, 7 (1),* 36-39.

Dax, F. & Fabrizio, M. (2017b). Kennzahlen in Leitstellen: Auswertung und Personalbemessung. *BOS-Leitstelle aktuell, 9 (1),* 44-48.

Dax, F. & Fabrizio, M. (2019). Qualitätskennzahlen in Leitstellen (Teil 1): Theoretische Grundlagen. *BOS-Leitstelle aktuell, 7 (1),* 36-39.

Gabler (Hrsg.) (2018). Key Performance Indicator (KPI). Verfügbar unter: https://wirtschaftslexikon.gabler.de/definition/key-performance-indicator-kpi-52670/version-275788 (15.04.2019).

Greif, R., Lockey, A. S., Conaghan, P., Lippert, A., de Vries, W. & Monsieurs, K. G. (2015). Ausbildung und Implementierung der Reanimation - Kapitel 10 der Leitlinien zur Reanimation 2015 des European Resuscitation Council. *Notfall + Rettungsmedizin,* 18 (8), 1016-1034.

Hackstein, A., Lenz, W. & Marung, H. (2015). Personalqualifikation in der Leitstelle. *Notfall + Rettungsmedizin,* 18 (7), 553-559.

Landesrecht Hessen (2014). *Verordnung zur Durchführung des Hessischen Rettungsdienstgesetzes.* Verfügbar unter: https://www.rv.hessenrecht.hessen.de/lexsoft/default/hessenrecht_rv.html#docid:4207118,1,20150115 (02.04.2019).

Landesrecht Hessen (2018a). *Hessischen Rettungsdienstgesetzes.* Verfügbar unter: https://www.rv.hessenrecht.hessen.de/lexsoft/default/hessenrecht_rv.html #docid:4200544,1,20180925 (02.04.2019).

Landesrecht Hessen (2018b). *Hessisches Gesetz über den Brandschutz, die Allgemeine*

Hilfe und den Katastrophenschutz *(Hessisches Brand- und Katastrophenschutzgesetz - HBKG)*. Verfügbar unter: https://www.rv.hessenrecht.hessen.de/lexsoft/default/hessenrecht_rv.html#docid:169491,1,20180904 (18.04.2019).

Markgraf, D. (2018). Qualität. Verfügbar unter: https://wirtschaftslexikon.gabler.de/definition/qualitaet-45908/version-269195 (15.04.2019).

Marung, H. (2013). Laienreanimation - Telefonische Anleitung von Laien zur Reanimation. *AINS*, 48 (9), 546 - 551.

Piedmont, S., Brammen, D., Branse, D., Focke, K., Kast, W. & Robra, B.-P. (2018). Auf dem Weg zur integrierten Qualitätssicherung im Rettungsdienst – Stand-Bedarf-Vision. Notfall + Rettungsmedizin, 21 (8), 682-689.

Schmiedel, R. (2015). *Leistungen des Rettungsdienstes 2012/13 – Analyse des Leistungsniveaus im Rettungsdienst für die Jahre 2012 und 2013.* Verfügbar unter: https://bast.opus.hbz-nrw.de/opus45-bast/frontdoor/deliver/index/docId/1538/file/BASt_M_260_barrierefreies_Internet_PDF.pdf (15.04.2019).

Töpfer, A. (2006). Medizinische und ökonomische Bedeutung von Qualität im Krankenhaus: Vermeidung von Fehlerkosten. In M. Albrecht & A. Töpfer (2006). *Erfolgreiches Changemanagement im Krankenhaus 15-Punkte Sofortprogramm für Kliniken (99-111).* Berlin Heidelberg: Springer.

Weber, J. (2018). *Balanced Scorecard.* Verfügbar unter: https://wirtschaftslexikon.gabler.de/definition/balanced-scorecard-28000/version-251640 (24.04.2019).

QUALITÄTSCONTROLLING DES KERNPROZESSES IN DEUTSCHEN RETTUNGSLEITSTELLEN

Projektarbeit

Vorstellung der Projektarbeit im Modul Qualitätsmanagement

Agenda

- Einleitung

- Rettungsleitstelle

- Qualitätscontrolling

- Kernprozess und Key Performance Indicators

- Fazit

- Literaturverzeichnis

Einleitung

- Entwicklung von Rettungsleitstellen zu Einrichtungen der Hochkritischen Infrastruktur

- Daseinsvorsorge der Bevölkerung

- Heterogene Voraussetzungen für 280 Rettungsleitstellen in Deutschland

 Hohe Qualität notwendig

Forschungsfrage:
Welche Key Performance Indicator dienen dem Qualitätsmanagement den Kernprozess einer Rettungsleitstelle in Deutschland zu überprüfen?

Rettungsleitstellen

AUFGABEN

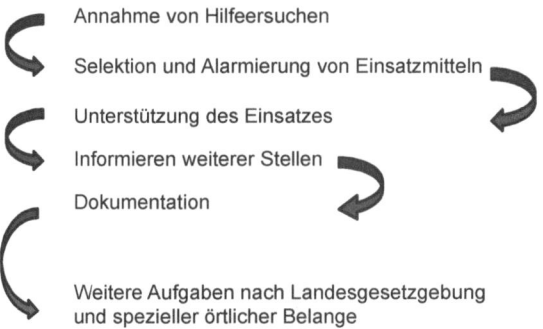

Annahme von Hilfeersuchen

Selektion und Alarmierung von Einsatzmitteln

Unterstützung des Einsatzes

Informieren weiterer Stellen

Dokumentation

Weitere Aufgaben nach Landesgesetzgebung und spezieller örtlicher Belange

Rettungsleitstellen

KERNPROZESS

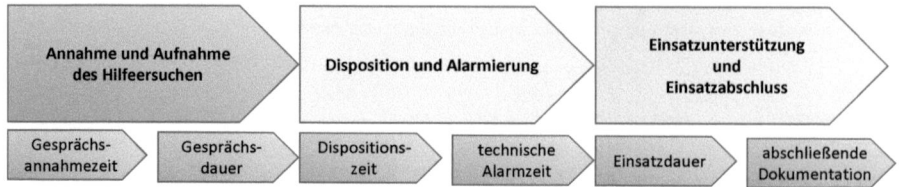

Qualitätscontrolling

KEY PERFORMANCE INDICATORS

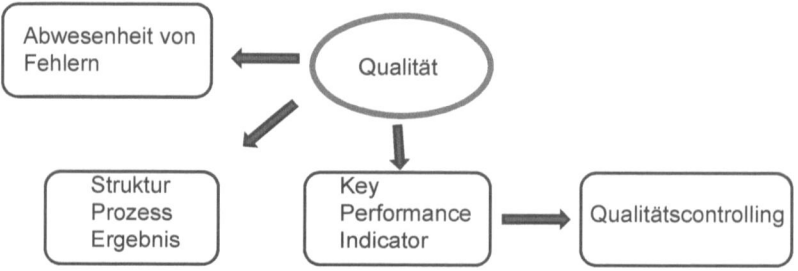

Kernprozess und KPI

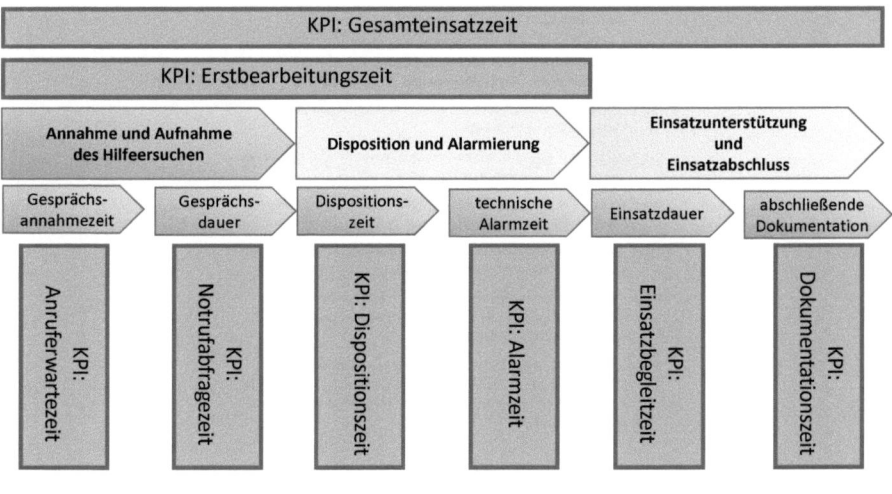

Fazit

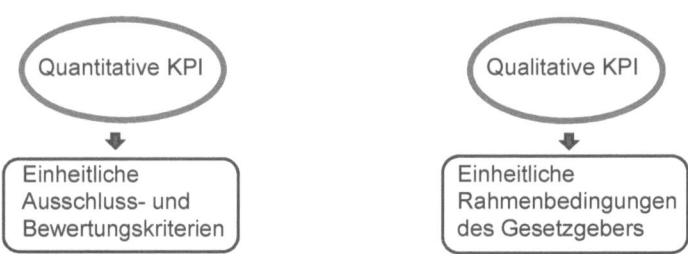

Föderale Zuständigkeit und Gesetzgebung

Literaturverzeichnis

Bundesministerium für Gesundheit (BMG) (Hrsg.) (2006). *Gesundheitsberichterstattung des Bundes – Gesundheit in Deutschland.* Verfügbar unter: http://www.gbe-bund.de/pdf/GESBER2006.pdf (18.04.2019).

Chwojka, C., Novosad, H., Spielbichler, S. & Krammel, M. (2015). Leitstelle-Gatekeeping mit Qualitätsanspruch – Der vielschichtige Weg des Patienten in das Gesundheitssystem. *Notfall + Rettungsmedizin*, 18 (7), 581-587

Dax, F., Fabrizio, M & Hackstein, A. (2016). Kennzahlen in der Leitstelle. *Notfall + Rettungsmedizin*, 19 (8), 632-637.

Dax, F. & Fabrizio, M. (2017a). Qualitätskennzahlen in Leitstellen (Teil 1): Theoretische Grundlagen. *BOS-Leitstelle aktuell, 7 (1), 36-39.*

Dax, F. & Fabrizio, M. (2017b). Kennzahlen in Leitstellen: Auswertung und Personalbemessung. *BOS-Leitstelle aktuell, 9 (1), 44-48.*

Dax, F. & Fabrizio, M. (2019). Qualitätskennzahlen in Leitstellen (Teil 1): Theoretische Grundlagen. *BOS-Leitstelle aktuell, 7 (1), 36-39.*

Gabler (Hrsg.) (2018). Key Performance Indicator (KPI). Verfügbar unter: https://wirtschaftslexikon.gabler.de/definition/key-performance-indicator-kpi-52670/version-275788 (15.04.2019).

Greif, R., Lockey, A. S., Conaghan, P., Lippert, A., de Vries, W. & Monsieurs, K. G. (2015). Ausbildung und Implementierung der Reanimation - Kapitel 10 der Leitlinien zur Reanimation 2015 des European Resuscitation Council. *Notfall + Rettungsmedizin*, 18 (8), 1016-1034.

Hackstein, A., Lenz, W. & Marung, H. (2015). Personalqualifikation in der Leitstelle. *Notfall + Rettungsmedizin*, 18 (7), 553-559.

Landesrecht Hessen (2014). *Verordnung zur Durchführung des Hessischen Rettungsdienstgesetzes.* Verfügbar unter: https://www.rv.hessenrecht.hessen.de/lexsoft/default/hessenrecht_rv.html#docid:4207118,1,20150115 (02.04.2019).

Landesrecht Hessen (2018a). *Hessischen Rettungsdienstgesetzes.* Verfügbar unter: https://www.rv.hessenrecht.hessen.de/lexsoft/default/hessenrecht_rv.html#docid:4200544,1,20180925 (02.04.2019).

Landesrecht Hessen (2018b). *Hessisches Gesetz über den Brandschutz, die Allgemeine Hilfe und den Katastrophenschutz (Hessisches Brand- und Katastrophenschutzgesetz - HBKG).* Verfügbar unter: https://www.rv.hessenrecht.hessen.de/lexsoft/default/hessenrecht_rv.html#docid:169491,1,20180904 (18.04.2019).

Markgraf, D. (2018). Qualität. Verfügbar unter: https://wirtschaftslexikon.gabler.de/definition/qualitaet-45908/version-269195 (15.04.2019).

Marung, H. (2013). Laienreanimation - Telefonische Anleitung von Laien zur Reanimation. *AINS*, 48 (9), 546 - 551.

Piedmont, S., Brammen, D., Branse, D., Focke, K., Kast, W. & Robra, B.-P. (2018). Auf dem Weg zur integrierten Qualitätssicherung im Rettungsdienst – Stand-Bedarf-Vision. Notfall + Rettungsmedizin, 21 (8), 682-689.

Schmiedel, R. (2015). *Leistungen des Rettungsdienstes 2012/13 – Analyse des Leistungsniveaus im Rettungsdienst für die Jahre 2012 und 2013.* Verfügbar unter: https://bast.opus.hbz-nrw.de/opus45-bast/frontdoor/deliver/index/docId/1538/file/BASt_M_260_barrierefreies_Internet_PDF.pdf (15.04.2019).

Töpfer, A. (2006). Medizinische und ökonomische Bedeutung von Qualität im Krankenhaus: Vermeidung von Fehlerkosten. In M. Albrecht & A. Töpfer (2006). *Erfolgreiches Changemanagement im Krankenhaus 15-Punkte Sofortprogramm für Kliniken (99-111).* Berlin Heidelberg: Springer.

Weber, J. (2018). *Balanced Scorecard.* Verfügbar unter: https://wirtschaftslexikon.gabler.de/definition/balanced-scorecard-28000/version-251640 (24.04.2019).

Vielen Dank für Ihre Aufmerksamkeit!
Haben Sie noch Fragen?